LES LIVRES DE RAISON

ET JOURNAUX HISTORIQUES DU POITOU.

LES

LIVRES DE RAISON

ET

JOURNAUX HISTORIQUES

DU POITOU

LECTURE FAITE A LA SORBONNE EN 1887, AU CONGRÈS DES SOCIÉTÉS SAVANTES

Par M. BÉLISAIRE LEDAIN

Officier de l'Instruction Publique

NIORT
IMP. A. CHIRON
1888

LES LIVRES DE RAISON

ET JOURNAUX HISTORIQUES DU POITOU.

LECTURE FAITE A LA SORBONNE EN 1887,

AU CONGRÈS DES SOCIÉTÉS SAVANTES

Les livres de raison sont des registres domestiques, plus ou moins bien tenus, contenant des notes relatives à l'administration des biens de la famille, à son état civil, à sa vie intime. Lorsque leurs auteurs sortant de ces bornes étroites, ce qui est le cas le plus fréquent, relatent, à côté des actes de leurs parents, les événements dont leurs villes natales et leurs provinces ont été le théâtre, l'intérêt qui s'en dégage, devient alors considérable. Non-seulement on y découvre les mœurs, les habitudes, les idées, la vie journalière d'une ou plusieurs générations, ce qui déjà est fort curieux, mais on y trouve aussi l'histoire locale, exacte, minutieuse, froide mais vraie, et se liant très souvent à l'histoire générale par des événements d'une certaine importance, racontés avec précision et impartialité. Ce n'est donc pas sans de justes motifs que l'on s'attache à rechercher et à publier ces intéressants documents.

Le nombre de ceux que l'on découvre s'accroît sans cesse. Ils appartiennent généralement au XVIe siècle. Les uns ne contiennent que des mentions très sèches et très disparates, leur horizon ne s'étend pas au delà de la famille. Les autres s'intéressent à tout ce qui se passe autour d'eux, dans la cité et le pays environnant et ne manquent pas de le signaler. Les uns sont tenus avec négligence ; les autres sont rédigés avec esprit de suite et quelquefois recopiés avec soin sur des notes antérieures. Les uns sont de simples livres de comptes. Les autres sont des journaux historiques et parfois même des mémoires. On comprend quel intérêt il y a à les consulter, quand la même époque et la même province en ont produit plusieurs. Tout alors s'éclaire singulièrement. Les personnages, les uns déjà connus et même célèbres, les autres presque ignorés jusque là, apparaissent avec leurs véritables physionomies dénuées d'artifice, parfois bien différentes de celles sous lesquelles on les a représentés dans des ouvrages très vantés. Des événements inconnus, souvent d'une minime importance en eux-mêmes, mais imposants par leur nombre, sont révélés et apportent aux grands faits de l'histoire des éléments nouveaux d'appréciation.

Les livres de raison ou journaux historiques éclos et publiés jusqu'ici dans la province du Poitou sont au nombre de treize. Le journal des Le Riche, de St-Maixent; la chronique du Langon, par les Bernard, notaires ; la chronique de Brisson, de Fontenay ; celle de la guerre des trois Henri, en bas Poitou ; le journal de Généroux, notaire de Parthenay ; le journal de Jean de Brilhac, lieutenant criminel à Poitiers ; celui de René de Brilhac, conseiller au présidial ; enfin le livre de comptes de Grignon de la Pellissonnière, appartiennent au XVIe siècle. Le journal de Paul de Vendée, du Bas-Poitou ; ceux d'Antoine Denesde, marchand et juge consul à Poitiers ; de Maillasson, de Montmorillon ; de Chaboceau, de Parthenay ; des Bastard, de Niort, sont du XVIIe siècle. Le journal de Charmeteau, maître perruquier à Poitiers, est du XVIIIe siècle.

Le plus étendu, le plus connu de nos livres-journaux, celui que les historiens locaux consultent avec le plus de fruit depuis longtemps, c'est le journal de Guillaume et Michel le Riche. On en doit la publication à M. de la Fontenelle de Vaudoré.(1) Guillaume le Riche avocat du roi, à St-Maixent, avait été aussi maire de cette ville en 1529 et juge prévôtal en 1537. Son fils Michel, lui succéda dans l'office d'avocat du roi en 1538, en vertu de la résignation de Guillaume en sa faveur.

Le journal de Guillaume comprend la période de 1534 à 1547. On y remarque des renseignements curieux sur les *mystères* joués à Poitiers et à St-Maixent, notamment en 1534, grands spectacles religieux et populaires qui attiraient des foules énormes. La naissance et les progrès du Calvinisme en Poitou ; les premières prédications des ministres, dès 1537 et 1543 ; les poursuites dont ils sont victimes, font aussi l'objet de ses récits. Il raconte le passage de Charles Quint à Poitiers en 1539. Il fait connaître la distribution des garnisons de gendarmes des compagnies d'ordonnance dans les petites villes du Poitou où elles étaient très redoutées à cause de leurs violences, surtout lorsque les montres

(1) *Journal de Guillaume et de Michel le Riche, avocats du roi....* St-Maixent, 1846.

ou revues, c'est-à-dire le paiement de la solde se faisaient attendre, ce qui arrivait assez souvent. Guillaume parle aussi des troubles sanglants excités en Saintonge par l'établissement de la Gabelle en 1542 et 1544, et des terribles brigandages auxquels ils donnèrent lieu. Il note à ce sujet la chasse donnée aux voleurs en 1542, par les communes réunies au son du tocsin.

Michel le Riche reprit le journal de son père en 1556. Mais, par suite de la perte de l'original, on n'en possède que des extraits de 1559 à 1572. Depuis cette dernière date jusqu'à 1586, le journal est complet et très intéressant. On y trouve de grands détails sur les commencements des troubles religieux en 1559 et 1560, sur les tumultes occasionnés par les prêches, sur les troubles et pillages de 1562. La destruction de l'église de St-Maixent en 1568 est racontée. Les guerres civiles de 1569, le siège de la Rochelle en 1573, toutes les prises et sièges de villes, notamment le siège et la destruction du fameux château de Lusignan en 1574-1575, y trouvent naturellement leur place. La mort tragique de la Haye, lieutenant général de la sénéchaussée de Poitou, célèbre par ses intrigues, n'est pas omise. Toutes les violences et les meurtres si fréquents durant cette période malheureuse sont notés avec soin. Parmi les faits de ce genre on remarque le meurtre de Madame de Villequier par son mari, qui eut lieu à Poitiers en 1577. Enfin on y trouve un fait curieux d'une autre nature, la découverte des eaux de la Roche-Pozay en 1573.

Le journal des le Riche, tout en revêtant plutôt le caractère de mémoires historiques, ne perd pas complètement celui de journal domestique. Non seulement les petits faits locaux, prix des grains, variations de la température, naissances, mariages et décès des personnes du pays y sont consignés; mais aussi tout ce qui touche à la famille, à ses intérêts, aux fonctions diverses de ses membres, à leur état-civil, à leurs actes, y est enregistré d'une manière particulière. Le nombre des enfants de Michel le Riche qui s'élevait au chiffre de quatorze est un exemple de la fécondité habituelle des mariages à cette époque. Il n'est donc pas étonnant que leur histoire tienne une certaine place dans son journal. L'un de ses fils, François, en reprit la rédaction durant l'année 1610. On doit y noter une liste curieuse des maires de Niort.

Le ton général de ce journal est sec et froid. C'est l'énumération pure et simple de tous les événements, quels qu'ils soient. Le récit de scènes de pillages et de meurtres, même celui, d'ailleurs très court, de la Saint-Barthélemy, à Paris, ne semble pas l'émouvoir plus que celui d'un petit incident quelconque, d'une inondation, de la nomination d'un échevin ou d'un régent des écoles. C'est la déposition sincère d'un témoin, un peu monotone et fatigante pour le lecteur, mais satisfaisante et instructive pour l'historien.

Un autre journal dont l'étendue devait être plus considérable que celle du journal de le Riche et dont l'intérêt est certainement égal, c'est celui de Denis Généroux, notaire à Parthenay. Malheureusement, il est incomplet. Son récit s'étend du mois de novembre 1567 à la fin de décembre 1575. Il devait commencer vers l'année 1560 et se terminer seulement dans les premières années du XVIIe siècle, car son auteur ne mourut qu'en 1610 ou 1611. Les nombreux et curieux détails contenus dans ce précieux fragment que nous avons publié, en 1865, dans les Mémoires de la Société de Statistique des Deux-Sèvres, font vivement regretter la perte de tout ce qui manque. Généroux a rédigé son journal avec un soin remarquable, comme le prouve l'état du manuscrit original, bien écrit et sans rature. Il l'a certainement recopié d'après des notes prises antérieurement au jour le jour.

Voisin et contemporain de Michel le Riche qu'il a certainement connu, Denis Généroux complète les renseignements donnés par lui, particulièrement pour l'époque de 1567 à 1572 sur laquelle le journal de Michel le Riche ne contient que des extraits. Il a révélé beaucoup de faits ignorés jusqu'ici. Citons-en quelques-uns. C'est grâce à son unique témoignage que l'on apprend les détails navrants du pillage du château d'Oiron et de la mutilation des magnifiques mausolées de marbre de son église, commis par un petit détachement de l'armée protestante de Dandelot, le 19 septembre 1568. Il mentionne l'incendie de l'abbaye des Chatelliers, du 7 novembre 1568, par les protestants qui avaient pris Saint-Maixent. Il raconte la reprise de cette dernière ville par les catholiques, le 27 mars 1569, à laquelle il prit part personnellement, car notre notaire se fit également soldat. Le contre-coup de la Saint-Barthélemy qui ne se fit sentir à Poitiers que le 27 octobre 1572, n'est mentionné d'une manière précise que par le journal de Généroux. Comme il se trouvait ce jour-là même à Poitiers, il donne les noms des victimes au nombre d'une dizaine et il note bien que ces exécutions eurent lieu par ordre du lieutenant-général la Haye, agissant en vertu d'un commandement du roi. Le récit de la prise et du pillage de Parthenay, par Dandelot, en novembre 1568, un nouvel incendie des églises de cette ville par les protestants du sieur de Vérac, et une quantité d'autres faits de même nature seraient probablement demeurés ignorés si Généroux n'avait pris la peine de les consigner. On lui doit aussi un récit nouveau de la bataille de Moncontour du 3 octobre 1569, et deux jours après, passant sur le champ de bataille, encore couvert de morts, il fait part de la vive émotion qu'il éprouva, en contemplant ce triste spectacle. Il serait trop long de répéter tous les détails nouveaux ou déjà connus qu'il donne sur tout ce qui se passe, non-seulement en Poitou, mais dans les provinces voisines durant cette période si troublée. Siège de la Rochelle, en 1573, conspiration de la Haye à Poitiers, sièges de Fontenay et de Lusignan, par Montpensier, en 1574, rien n'y est omis. C'est un tableau presque complet des guerres civiles et religieuses. Il se fait même parfois l'écho d'évènements lointains tels que ceux des Pays-Bas. De même que le Riche, il mentionne la vertu curative des eaux sulfureuses de la Roche-Pozay qu'il alla prendre en 1573 et où il trouva trois mille malades de tous les pays.

Le journal de Généroux ne s'intéresse pas seulement aux évènements de quelque importance, c'est un véritable registre d'état-civil pour toutes les familles de la ville de Parthenay et des environs et particulièrement pour la sienne. Les intérêts privés et domestiques sont, en effet, le but primitif de ces sortes de mémoriaux. Puis, élargissant leur horizon, ils se transforment en chroniques plus ou moins détaillées. Généroux ne manque donc pas de nous tenir au courant de tout ce qui est relatif à sa famille, encore plus nombreuse que celle de le Riche, puisqu'il n'avait pas moins de vingt frères et sœurs, issus du même père et de la même mère. Il n'a garde de s'oublier lui-même. Ardent catholique, il avait pris les armes pour la défense de ses convictions et s'était engagé dans une compagnie de gens de guerre. Il raconte, on le pense bien, ses campagnes durant les années 1568 et 1569 où il reçut le baptême du feu, puisqu'il fut blessé en combattant. Le voyage qu'il entreprit, en 1574 auprès du roi Henri III, au nom de ses concitoyens, est un exemple frappant de la facilité et de la rapidité relative avec lesquelles les hommes de cette époque effectuaient à cheval de très longs et très pénibles voyages. Parti de Parthenay, le 29 septembre, Généroux arrivait à Paris le 6 octobre, en repartait le 11, arrivait à Lyon le 20 et revenait dans son pays le 4 novembre par le Berry. La lecture du journal de Généroux est plus facile que celle du journal de le Riche. Le style est un peu moins froid. Moins prudent que le politique le Riche, notre notaire Parthenaisien s'anime parfois dans sa narration. Il ne craint pas de manifester ses préférences religieuses et il maudit, en quelques mots, la nouvelle religion lorsqu'il relate quelques méfaits de ses partisans, sans dissimuler cependant ceux de son propre parti.

La chronique du Langon, près de Fontenay-le-Comte, composée par Antoine Bernard et André son fils, successivement notaires au Langon, et publiée par M. de la Fontenelle, ne ressemble pas complètement aux deux journaux précédents. Elle est plus savante. C'est un essai historique sur le pays du Langon. Elle commence par des récits et des discussions sur les origines de la contrée, sur les nombreux travaux exécutés à diverses époques pour le dessèchement des marais et la canalisation des cours d'eau. Le journal proprement dit ne commence guère qu'en 1562 par le récit détaillé de la grande levée de boucliers des protestants, aux mois d'avril et mai de cette année, qui produisit en Bas-Poitou, comme partout, tant de ruines et de malheurs. On y trouve toutes les circonstances des meurtres, pillages et horreurs de toutes sortes, exercés non-seulement cette année, mais en 1567, 1568 et 1569, aussi bien que des luttes acharnées dont tous les bourgs de cette contrée furent alors le théâtre. La destruction des églises de Luçon, du Langon, de Mouzeuil, de Ste-Gemme, etc. en 1567, de Fontenay en 1568, de St-Michel-en-l'Herm en 1569, les horribles massacres qui les accompagnèrent ; la prise et la reprise de Marans en 1569 et 1570, la bataille de Sainte-Gemme en 1570, le siège de la Rochelle de 1573, les deux sièges de Fontenay par Montpensier en 1574, etc., y sont racontés d'une manière tout à fait intéressante. Le journal de Bernard ne se termine qu'en 1606, ou plutôt en 1586, car à partir de cette époque, il est très court et insignifiant. Il faut le lire si l'on veut avoir une juste idée de la situation lamentable dans laquelle la guerre civile et religieuse plongea les populations rurales principalement, durant près de trente années. Le style de cette œuvre est d'ailleurs plus soigné. Le notaire Bernard est moins sec, moins laconique que les auteurs des autres journaux. Ses récits sont plus nourris et empreints d'une certaine sensibilité, notamment celui de la mort de son fils. Les malheurs et les désastres de toutes sortes dont il expose à chaque instant le sombre tableau lui arrachent quelquefois des soupirs et des plaintes bien justifiées. Néanmoins, quoique catholique dévoué, il demeure calme et semble souffrir tout avec résignation.

La chronique des guerres civiles en Poitou et en Saintonge par Pierre Brisson, lieutenant-général, puis sénéchal de Fontenay-le-Comte et maire de cette ville en 1578, comprend l'histoire de trois années, 1574, 1575, 1576. Elle contient des détails nouveaux très intéressants sur les intrigues ténébreuses et les nombreuses conspirations du fameux la Haye, lieutenant-général de la sénéchaussée de Poitou, sur ses tentatives en faveur du parti politique ou du parti protestant et sur les circonstances de sa mort tragique à la Bégaudière, près de Poitiers. Les évènements dont le Bas Poitou principalement fut le théâtre, sièges de Fontenay, prise et destruction du château de Lusignan, etc. y sont racontés d'une manière complète. Pierre Brisson était le frère du célèbre et malheureux Barnabé Brisson, président du parlement, massacré plus tard par les Seize à Paris. Sa chronique, sans s'éloigner absolument de la forme habituelle du journal est plutôt une composition littéraire, une histoire provinciale des guerres civiles. Son style est vif, et animé. Brisson manifeste sans ménagement son indignation contre la nouvelle religion. Il ne craint pas de rejeter ouvertement sur la noblesse et en particulier sur celle du Bas-Poitou la responsabilité de ces guerres désastreuses. C'est dans la bouche du ministre protestant Dumoulin, arrêté et condamné par le duc de Montpensier, que Brisson place son violent réquisitoire contre la noblesse sous forme d'aveu fait dans le cours du procès. Il faut reconnaître, en effet, que l'esprit de rébellion qui animait les gentilshommes du Bas-Poitou, leurs habitudes batailleuses et violentes, lui donnent quelque peu raison. Brisson mentionne aussi une curieuse requête anonyme dirigée contre la noblesse, qui fut affichée à la porte du logis du gouverneur du Poitou, à Niort, en mai 1575. Tout en la qualifiant de séditieuse, il reconnait la justesse de ses plaintes. Il termine son œuvre par un tableau général de l'appauvrissement et des misères de son pays, fruits amers, de ces funestes guerres, et il exhale, en termes chaleureux, sa juste douleur. (1)

Jean de Brilhac, lieutenant-criminel de la sénéchaussée à Poitiers en 1559 et maire de cette ville en 1572, a laissé un journal qui rentre tout à fait dans la classe des livres de raison proprement dits. Mais, malgré la haute position de l'auteur, il ne présente pas l'intérêt qu'il aurait pu avoir si tous les évènements contemporains y eussent été consignés. Ce livre qui s'ouvre en 1546 pour se fermer en 1564, quoique Jean de Brilhac ait vécu jusqu'en 1573, est très court et assez mal tenu. On n'y trouve presque que des notes informes sur les affaires de sa famille et quelques dissertations de droit. Nous en avons extrait pour la publication tous les faits locaux, d'ailleurs peu nombreux, offrant un certain intérêt pour l'histoire. Signalons le passage du roi et de la reine de Navarre à Poitiers en 1557, la harangue que leur adressa Jean de Brilhac au nom de la ville ; puis la réunion des Etats du Poitou pour procéder à la nomination des députés aux Etats-Généraux de 1560.

Le journal de son fils, René de Brilhac, conseiller au présidial de Poitiers, est d'une bien plus grande importance, et il en aurait encore davantage si l'on en possédait le texte complet. Un jurisconsulte poitevin, Etienne Gabriau de Riparfonds, mort en 1704, en a fait des extraits considérables, d'après lesquels nous l'avons

(1). *Chroniques Fontenaisiennes*, par de la Fontenelle de Vaudoré. Fontenay, 1841.

publié. (2). Le journal de René de Brilhac ressemble à ceux de le Riche et de Généroux. Il a noté particulièrement tous les faits relatifs à la magistrature poitevine. Il comprend la période de 1573 à 1622. Les évènements historiques locaux y occupent aussi une large place. C'est ainsi qu'on y trouve des renseignements curieux sur les intrigues de la Haye 1575, le séjour de Henri III à Poitiers 1577, les grands jours de 1579, le démantellement du château de Poitiers par les Ligueurs 1591, le blocus de la ville par les forces royales 1593, le voyage de Henri IV à Poitiers 1602, l'établissement du collège des jésuites 1607, l'entrée du célèbre évêque Chateigner de la Roche-Pozay 1612, la nomination des députés aux États-Généraux de 1614, les passages du roi en 1615 et 1616. Le style de René de Brilhac est simple et correct. C'est celui des annales qui ne dit que ce qu'il faut, sans avoir la sécheresse des autres journaux.

Le livre de comptes laissé par René Grignon sieur de la Pellissonnière, gentilhomme du Bas-Poitou, est un véritable livre de raisons. Il ne se rapporte qu'à des affaires et comptes domestiques et comprend principalement le compte de curatelle de sa belle-fille Avois Jaillard, de 1593 à 1599. Le manuscrit portait sur ses gardes et titres des annotations relatives à des affaires privées, antérieures à cette date et des renseignements sur les familles Jaillard, Grignon, Petit et du Bois. Il a été publié par M. Audé, en 1860. (1). Ce qu'il y a de curieux dans ce livre, c'est la contestation violente qui eut lieu entre Grignon et son parent le sieur de la Marronnière, au sujet de la curatelle de la jeune fille. La Marronnière avait obtenu, en 1594, des magistrats ligueurs, siègeant alors à Poitiers, le droit de s'emparer par force de la mineure et de ses biens, d'autant plus facilement qu'il était ligueur lui-même. René Grignon qui ne reconnaissait pas l'autorité de ces magistrats nommés par lui *juges interdits*, se fortifia dans sa maison de la Belotière pour repousser l'attaque de la Marronnière qui tenta, en effet, de s'en emparer par la force en 1595, 16 septembre. Un agent de la Marronnière parvint enfin à l'occuper, en 1597, et il fallut un ordre formel de Malicorne, gouverneur du Poitou, pour l'en faire sortir, deux mois après. Cette anecdote donne la mesure de l'état d'anarchie dans lequel était plongé le pays par suite de ces guerres civiles interminables.

Un autre gentilhomme du Bas-Poitou, Paul de Vendée, sieur de Bourneau et du Bois-Chapeleau, a composé lui aussi un livre de raison très étendu et très complet, comprenant la période de 1611 à 1623. Il appartenait à la religion protestante. Son jour-

(1). *Archives historiques du Poitou*, t. XV.
(2). Mémoires de la Société d'Émulation de la Vendée.

nal ne contient guère que des affaires d'administration et d'intérêts purement domestiques. Tous les actes intimes de sa vie y sont consignés. Paul de Vendée ne s'absente jamais de sa maison, ne reçoit aucun parent, ni aucun ami, sans en faire la mention scrupuleuse avec la date et l'heure. Zélé protestant, il assiste régulièrement aux prêches et parfois aux synodes. L'administration de ses terres n'était point négligée. Tout ce qui la concerne, ainsi que ses recettes et dépenses sont consignées avec soin dans son journal. Il entretenait de nombreuses relations et voyageait beaucoup. Parmi les hommes qu'il connaissait personnellement, citons l'érudit Besly, de Fontenay, le célèbre ministre Daillé et le sieur de la Cressonnière. Le voyage qu'il fit, en 1618, à Paris, où il descendit rue de la Huchette, à la Fleur de Lys, fut sans doute un des événements marquants de la vie de Paul de Vendée. Il fait part de l'admiration que lui causa le 25 août, le spectacle des illuminations, du feu d'artifice et du défilé du cortège brillant du roi dans les rues de la capitale. Le lendemain, il assista au prêche au temple de Charenton. Son attachement à sa religion l'entraîna dans la révolte du duc de Rohan-Soubise, en 1621. Rohan n'eût pas plutôt donné le signal de la prise d'armes que Paul de Vendée partit pour le rejoindre à la tête d'une compagnie. Il alla se jeter dans Saint-Jean-d'Angély où commandait Soubise et il y soutint le siège contre l'armée royale, du 23 mai au 26 juin 1621. Les divers combats dont il fut le témoin ou auxquels il prit part sont racontés par lui. C'est le seul fait historique qui soit consigné dans son journal. Cette œuvre et donc très sèche et monotone ; mais on y trouve le tableau réel et vrai de la vie et des mœurs d'un gentilhomme campagnard au commencement du dix-septième siècle. On en doit la publication à M. l'abbé Drochon. (1).

Le journal d'Antoine Denesde nous transporte dans un milieu moins restreint. Fils d'un notaire de Poitiers, et né en 1611, Antoine Denesde, succéda en 1632, à son grand-père maternel, qui dirigeait un commerce de marchand ferron. Son honorabilité et sans doute aussi ses capacités engagèrent le corps des marchands à le nommer juge consul en 1635. Son père avait laissé un registre journal ou livre de raison qui a péri et sur la nature duquel on ne peut pas, par conséquent, se prononcer. Antoine Denesde, en reprit la rédaction, en 1628, rédaction qu'il conduisit jusqu'en 1658. Marie Barré, sa femme, devenue veuve en 1659, le continua jusqu'en 1687. Quoiqu'il n'omette rien de ce qui est relatif à sa famille dont l'histoire intime pieusement consignée ne manque pas parfois d'un certain intérêt, le registre de notre mar-

(1). Mémoires de la Société de Statistique, Sciences, Lettres et Arts des Deux-Sèvres, 1879.

chand ferron, est bien moins un livre de raison proprement dit, qu'un journal historique contenant les annales de la ville de Poitiers, pendant plus de cinquante ans. Il s'éloigne donc beaucoup de celui de Paul de Vendée et se rapproche singulièrement de ceux de le Riche et de Généroux. Ses récits sont plus nourris, plus détaillés que ceux de ces deux derniers chroniqueurs. Ils pourraient être comparés à ceux de René de Brilhac.

La lecture de l'œuvre d'Antoine Denesde est pleine d'attraits pour un poitevin. Les évènements de chaque jour, y sont racontés d'une manière simple mais complète, et les réflexions, d'ailleurs très sobres, qu'ils suggèrent parfois à l'auteur, doivent être l'écho fidèle de l'opinion publique. Plusieurs méritent d'être rappelés : la disette de 1630 ; la peste de 1631, dont les médecins Thévenet et Arnauldet et le célèbre jésuite, Garasse, furent victimes en soignant les malades à l'hôpital de Poitiers ; le procès du fameux Urbain Grandier à Loudun, en 1634, les exorcismes des religieuses Ursulines et la dramatique exécution de l'infortuné curé, dont Denesde fut le témoin oculaire ; les brigues auxquelles donna lieu l'élection du maire de Poitiers en 1635 ; la sédition populaire provoquée en 1639, par l'établissement d'une nouvelle taxe sur les vins ; le passage des ambassadeurs de Portugal en 1641 ; les cérémonies funèbres célébrées à l'occasion de la mort de Louis XIII ; l'arrivée des prisonniers de guerre, faits à la glorieuse bataille de Rocroy, en 1643 ; l'agitation produite à Poitiers en 1649 par les désordres dont Paris venait d'être le théâtre ; les passages et séjours du roi et de Mazarin en juillet et en octobre 1650 et en 1651-1652 ; la liste des juges consuls de Poitiers de 1566 à 1657 ; enfin l'érection solennelle de la statue du grand roi, aux frais du corps des marchands, sur la place du Marché-Vieux, en 1687. Tels sont les principaux faits mémorables rapportés dans ce curieux journal. Antoine Denesde s'y fait également l'écho des grands évènements contemporains. Mais ce qui donne de la saveur et du prix à son œuvre, ce sont ces innombrables incidents de toute nature, où se révèlent d'une manière si naturelle, si sincère, les mœurs, les habitudes, les sentiments de toutes les classes de la société. Cérémonies et fêtes publiques, religieuses ou civiles ; passages de grands personnages ; nominations de maires successifs, échevins ou juges consuls ; rivalités locales ; réceptions et changements des officiers, de tous ordres revêtus d'une autorité quelconque, évêques, intendants, gouverneurs ; actes de toutes sortes accomplis par eux ; juridictions, grands jours, présidial, échevinage, bureau des finances, université, hôpitaux, confréries, églises, couvents, levées d'impôts ; crimes de droit commun, arrêts qui les répriment ; abjurations de protestants : décès de personnages notables ; fléaux publics, disette, peste, orage, inondations, prix variés des denrées, en un mot accidents de toutes sortes ; rien n'est omis par notre marchand, juge consul. En effet, rien de tout cela n'est inutile pour bien juger une époque. Son journal peut donc être considéré comme le miroir le plus fidèle de la vie municipale, religieuse, civile et intime de la cité poitevine au dix-septième siècle. On en doit la publication et la mise en lumière de M. Bricault de Verneuil. (1)

Avec Jacques François Chaboceau, nous revenons au livre de raison proprement dit. Originaire de Parthenay, Chaboceau, était allié par sa mère à la famille de Denis Géneroux, l'auteur du journal du XVI° siècle, analysé plus haut. Il exerça les fonctions d'avocat ducal, puis d'avocat du roi au baillage de Parthenay, de 1680 environ jusqu'à 1713 où 1714. Son journal très volumineux qui n'a pas encore été publié, est tenu d'une manière assez négligée. C'est un amas de notes de toutes sortes, souvent raturées et n'observant que fort peu l'ordre chronologique. On y trouve beaucoup de dissertations de droit et les brouillons de ses réquisitoires au baillage, aussi bien que des harangues publiques qu'il prononçait. Il n'enregistre guère que des faits essentiellement locaux ou des affaires de famille. Chaboceau était un ami du duc de Mazarin, à la mort duquel il assista au château de la Meilleraye en 1713. Son journal prouve qu'il exerça avec conscience et fermeté la charge souvent difficile d'avocat du roi. Il réussit à réprimer divers abus et joue un rôle pondérateur honorable dans un conflit violent qui éclata en 1705 entre le gouverneur de Parthenay et les magistrats du baillage. Il se consacra tout entier à ses fonctions qu'il aimait beaucoup, et les réflexions empreintes d'honnêteté naïve et touchante dont son journal est émaillé, démontrent qu'il avait le sentiment profond de l'importance de ses devoirs professionnels. Son œuvre, quoique moins soignée que la plupart des autres journaux, donne une idée très exacte des mœurs et des habitudes de la magistrature des juridictions inférieures. (2)

Un autre journal qui est en même temps un livre de raison, c'est celui de Maillasson, conseiller du roi en la sénéchaussée de Montmorillon. Maillasson appartenait à une famille bourgeoise de cette ville qui tenait à la fois à la magistrature et au commerce, car il avait un frère avocat, un autre frère marchand à Tours et un cousin procureur du roi. Son journal est considérable, puisqu'il embrasse la période de 1643 à 1694. Mais l'intérêt historique en est de beaucoup inférieur à l'étendue. On peut le comparer au point de vue de la forme, aux journaux de le Riche, de

(1) *Archives historiques du Poitou*, t. vx.

(2) Nous avons utilisé les renseignements du journal de Chaboceau pour notre *Gâtine historique et monumentale*.

Généroux etde Brillac. Si on le considère comme livre de raison proprement dit, il ressemble plutôt à celui de Paul de Vendée. Maillasson a rédigé son journal avec beaucoup de soin ; il est plein de détails de la vie privée : mais, nous le répétons, il manque d'intérêt historique. Son horizon est très borné et ne s'étend guère au delà de la ville de Montmorillon. Maillasson fit plusieurs fois le voyage de Paris en 1644, 1645, 1651. Il mentionne à cette occasion un fait curieux, c'est l'existence, en 1651, d'un carrosse de Poitiers à Paris.

Parmi les rares évènements dignes de mémoire, consignés daus le journal de Maillasson, signalons la nomination des députés de la sénéchaussée de Montmorillon dont il faisait partie, envoyés, en 1649, à l'assemblée des Trois Etats de la province, à Poitiers, assemblée qui nomma ensuite, le 26 février, les députés aux Etats généraux convoqués à Orléans pour le 15 mars suivant. Pendant les troubles de la Fronde, Maillasson mentionne de fréquents passages de troupes à Montmorillon. En 1649, ce sont les régiments de Clinvilliers, de la Mothe St-Cyr, et de Brouage. En 1650, ce sont ceux de Mazarin et de la Meilleraye. En 1651, c'est encore celui de la Meilleraye et celui de Montausier. En 1652, ce sont les régiments des Gardes, de Picardie, de la Vieuville et des Suisses. Toutes ces troupes fort peu disciplinées, commettaient de grandes exactions et causèrent les plus vifs soucis aux syndics de Montmorillon. On fut même obligés en novembre, 1649, de prendre les armes pour s'opposer à leurs désordres. C'est à cette époque, au mois d'octobre 1651, que se rapporte un petit fait, sans doute inconnu, des guerres de la Fronde, raconté par Maillasson. Il s'agit de la prise du château de Brillac, par M. de Sauvebœuf, lieutenant général des armées du roi, sur un petit corps de troupes tenant le parti des princes de Condé et de Conty, qui se trouvaient quelques jours auparavant dans le voisinage. Plusieurs habitants et les archers de Montmorillon requis par M. de Sauvebœuf étaient venus le soutenir dans cette affaire. Maillasson raconte un autre fait notable, qui dut causer une certaine émotion dans la contrée, l'arrestation et la condamnation du seigneur du Bourg-Archambault, convaincu d'assassinat et de fabrication de fausse-monnaie. Le grand prévot s'empara de vive force de son château le Ier novembre 1653. La petite noblesse du voisinage fit mine de vouloir soutenir l'accusé par la force. Mais cette belle ardeur, comme dit Maillasson, s'en alla en fumée, et le coupable condamné à mort par le présidial, fut exécuté à Poitiers le 13 novembre 1656. En dehors de ces quelques faits, le journal de notre Montmorillonnais jusqu'à la fin, en 1694, est d'une monotomie désespérante. Il n'est rempli que de détails personuels ou de famille et d'évènements minuscules. C'est la vie de la petite ville calme, uniforme, insipide, mais heureuse sans doute, s'il est vrai, comme on l'a dit, non sans quelque vérité, que le bonheur des peuples consiste à n'avoir pas d'histoire. A ce point de vue, le journal de Maillasson, qui n'a pas été publié, sera donc également d'une certaine utilité.

Le *Papier Mémorial* de la famille Bastard, de Niort, publié récemment par M. Piet-Lataudrie (1), est un livre de raison proprement dit, comme celui de Grignon de la Pellissonnière. Il a été tenu successivement de 1585 à 1721 par Isaac Bastard, sergent royal à Niort, né en 1565 ; François, son fils, apothicaire à Niort, né en 1611 ; et surtout par Pierre, son petit fils, procureur au siège royal de Niort, en 1665, né en 1645. Pierre Bastard, dont l'instruction avait été soignée par sa famille, enrichie par le travail et l'économie, et qui avait fait le voyage de Rome en 1663, devint un personnage important et considéré. Procureur au siège royal dès 1665, et jusqu à sa mort, il exerça en outre concurremment à diverses époques les charges ou offices de procureur en l'élection de Niort, procureur du fief de Ste-Gemme, greffier de l'élection, greffier de la maîtrise des eaux et forêts, greffier des experts et des consuls et contrôleur des exploits, etc... Enfin, en 1675, il fut élevé à la dignité de pair de la commune et d'échevin en 1700.

Le journal relate d'abord minutieusement la généalogie de la famille depuis 1565. On y trouve, comme dans les autres journaux, la preuve surabondante de la fécondité des mariages. Isaac Bastard fut père de dix enfants ; François n'en eut pas moins de seize et Pierre onze. Ce fait, dont tous les documents établissent la généralité et la constance laisse supposer une population plus considérable qu'on ne le croit communément. Le journal des Bastard énumère avec non moins de soin les nombreux acquets d'immeubles faits par la famille, à partir de 1645, parmi lesquels nous signalerons la terre du Plessis, paroisse de St-Symphorien. Il contient naturellement aussi les recettes, dépenses, successions recueillies, partages, administration, gestion des charges et offices, contrats de toutes sortes, en un mot, tous les actes de la vie privée d'une famille. Les Bastard étaient fort religieux. L'un d'eux, Jacques, prêtre chantre de Notre-Dame de Niort, avait fondé un service et des messes dans cette église. Pierre, le procureur, donne le tableau des anciens usages, cérémonies, processions qui étaient en vigueur dans les deux paroisses de Notre-Dame et de St-André de 1660 à 1709, fêtes auxquelles il assistait toujours dévotement.

Les récits de faits historiques se rapportant à l'histoire de Niort, ne sont pas aussi nombreux qu'on l'eût désiré. Le pre-

(1). *Mémoires de la société de statistique des Deux-Sèvres*, 1887.

mier raconte la reprise de possession des églises de cette ville par les catholiques, le 13 août 1599 et le rétablissement du culte interrompu depuis 1588. Un autre récit très curieux et assez étendu concerne une rixe survenue à Niort, au mois d'octobre 1668, entre quelques habitants et des dragons d'une compagnie en garnison en cette ville. Un jeune homme fut tué par un dragon qui fut saisi et mis en prison par les habitants indignés. Ce fait si simple et si naturel donna lieu à une grosse affaire. MM. de la Vieuville, gouverneur, et Barentin, intendant de la province, égarés par un procès-verbal mensonger et mal disposés d'ailleurs pour la ville de Niort, la traitèrent en ville rebelle. Ils y arrivèrent suivis de quatre compagnies de dragons et d'une compagnie de chevau-légers, qui furent logées chez les habitants, principalement dans les familles de ceux qui avaient pris part à la rixe du mois d'octobre. On fit le procès de ces derniers, qui heureusement avaient pris la fuite. Quant au meurtrier, il fut absous sous prétexte que les témoins entendus n'étaient que des séditieux. Bref dans cette triste affaire si désastreuse pour Niort, M. l'intendant Barentin se montra d'une partialité révoltante. D'un autre côté, le maire de la ville, Leroy, fut d'une faiblesse déplorable.

Le livre des Bastard mentionne encore la descente des Hollandais à l'île de Noirmoutiers en 1674 et l'envoi à Bouin de 700 Niortais levés à la hâte pour repousser l'ennemi. Mais les détails qu'il contient sont surtout intéressants parce qu'ils donnent le tableau fidèle de la vie bourgeoise au XVIIe siècle. On y voit comment au bout de deux ou trois générations, les familles les plus humbles pouvaient, par leur travail et leurs efforts persistants, améliorer peu à peu leur situation et parfois conquérir une position supérieure dans la société.

Chacun de ces journaux ou livres de raison, (on peut maintenant s'en convaincre par l'analyse que nous venons d'en donner), présente à des degrés divers, une importance et un intérêt réels. Mais ils constituent surtout par leur ensemble un corps de documents véritablement précieux. Les informations si variées qu'ils contiennent sur les évènements, les institutions, les classes, les personnes et les familles ; la comparaison et la combinaison de leurs témoignages sur les faits de même nature et sur les mêmes personnages, fournissent à l'historien des éléments d'une valeur incontestable. C'est l'histoire impartiale et presque complète du Poitou pendant les seizième et dix-septième siècles. Si la forme en est peu attrayante, ils n'en demeureront pas moins une source pure où l'écrivain pourra toujours puiser tout ce qui lui sera nécessaire pour tracer, de cette époque, un tableau sinon plus vrai, du moins mieux dessiné et plus coloré.

B. LEDAIN,
officier de l'instruction publique.

www.ingramcontent.com/pod-product-compliance
Ingram Content Group UK Ltd.
Pitfield, Milton Keynes, MK11 3LW, UK
UKHW021020220726
13924UKWH00001B/86

9 782019 922405